Anonymus

# Houdry

Anonymus

**Houdry**

ISBN/EAN: 9783742808905

Manufactured in Europe, USA, Canada, Australia, Japa

Cover: Foto ©Lupo / pixelio.de

Manufactured and distributed by brebook publishing software
(www.brebook.com)

Anonymus

# Houdry

R. P. VINCENTII

# HOUDRY

E SOCIETATE JESU

# BIBLIOTHECA CONCIONATORIA

*COMPLECTENS*

## PANEGYRICAS ORATIONES SANCTORUM.

TOMUS QUARTUS

*IN QUO CONTINENTUR*

PANEGYRICI SANCTORUM DIVERSI ORDINIS, & Characteris,

*E Gallico sermone in Latinum translati.*

EDITIO NOVISSIMA.

VENETIIS,
EX TYPOGRAPHIA BALLEONIANA.
MDCCLXXVI.

# CONCIONATORUM BIBLIOTHECA,

*CONTINENS*

# PANEGYRICOS SANCTORUM.

## PRO SANCTI SULPICII ARCHIEPISCOPI BITURICI PANEGYRICO.

## MONITUM.

*Sanctus Sulpitius, hujus nominis secundus, ad cujus elogium satis uberem copiam nos dilaturos putamus, Pii cognomine distinguitur ab altero, quem Severum nominant, & ipsum Bituricensem Episcopum, qui eidem praefuit Ecclesiae ante hunc, cujus Panegyricam orationem exarandam aggredimur. Quamobrem hac in re illud in primis cavendum est, ne alter cum altero confundatur, quod accidit non paucis Auctoribus, qui alteri adscripserunt, quae non nisi de altero [illegible] erant praedicanda.*

*Illud vero secundo loco est cavendum, ne ulla habeatur ratio [illegible] opinionum Criticorum, ex quibus suboriri possent non minimae dubitationes de veritate factorum, quibus Sancti hujus elogium innititur; sed illis adhaerendum est, quae referuntur ab Historicis [illegible] temporum, a quibus omnis abest suspicio assentationis, nec alterius cujuscumque affectus, praeter curam veritatis in lucem proferendae.*

*Tertio tandem loco animadvertendum est, illum Sanctum istum in variis Ecclesiasticis statibus vixisse, Aulae, Amicitiae, Eremo, & in quibus [illegible] cum Sanctis aliis, qui in saeculo vixerunt, ipsum nihilominus in singulis prae caeteris praestitisse, & [illegible] exempla, [illegible], atque virtutibus, quae ita hujus sunt propria, ut illius characterem, & singulare prorsus elogium constituant.*

## PARAGRAPHUS PRIMUS.

### Varia Sermonum hujus Argumenti Synopsis.

*Lex Dei ejus in corde ipsius, & non supplantabuntur gressus ejus.* Psalm. 36.

I. Unicuique [illegible] homo [illegible] ad bonum; [illegible] a Dei lege aberrat; [illegible] Adolescentia [illegible] [illegible] [illegible]

1. In ipsa adolescentia [illegible].
2. [illegible] in Aula [illegible].
3. [illegible] Episcopatus [illegible] digna [illegible] est. [illegible]

II. *Glorificavit illum in conspectu Regum, & [illegible] gloriam suam. [illegible]* Eccli. 45. [illegible]

[illegible]

1. [illegible] Ecclesiastici in digno Praesule.
2. [illegible] in viro [illegible]. Sanctus hic [illegible] magnus [illegible]; Magnus Princeps in aula; Magnus [illegible] in Ecclesia; Magnus [illegible] in [illegible]. [illegible]

III. *[illegible] mihi Sacerdotem fidelem, qui juxta cor meum, & animam meam faciet: & aedificabo ei domum fidelem, & ambulabit coram Christo meo cunctis diebus.* 1. Reg. 2. [illegible] Samuelem [illegible] Deus [illegible]

[illegible]

[illegible] ... Propheta notat Sacer Textus [illegible] ... hic

1. Magni Regis [illegible] consiliis [illegible] est.

2. Sacerdotium in honorem, ac dignitatem [illegible].

3. [illegible] ... Auctor Sermonum de eodem argumento.

IV. *Magnificavit eum in conspectu Regum*, Eccli. 45. [illegible]

[illegible]

1. Ut [illegible] Sanctus per [illegible]

2. [illegible] ... Auctor supra.

V. Omnia potuit S. Sulpicium [illegible]

1. [illegible]

2. [illegible]

VI. *Fecit mirabilia in vita sua*, Eccli. 31. [illegible] ... Sancti Sulpicii [illegible]

3. Magnum [illegible]

[illegible] ... 2. Non [illegible] ... 3. Tertium [illegible] ... contemplatione virtutem.

## PARAGRAPHUS II.

*Fontes, ex quibus hauriri possit copia ad praesentem Sermonem ...* [illegible] *... hoc argumento a ... ductore.*

SUrius ad decimum septimum Januarii diem vitam Sancti hujus [illegible] ... ab aequali Auctore descriptam [illegible]

Bollandus ad decimum septimum Januarii diem eamdem vitam [illegible]

[illegible] ... Bollandum in [illegible]

[illegible] ... Sancti hujus memoria.

S. Audoenus, [illegible] ... de S. Sulpicio narrat. [illegible] Qui eum [illegible]

[illegible] ... Sulpicium [illegible]

S. Gregorius Turonensis lib. 6. Hist. Franc. [illegible] ... Regis Galliae.

[illegible] in Martyrologio, ad Januarii diem 17.

[illegible] ... de Sanctis hoc [illegible]

[illegible] verba facit.

Flechier in Panegyricis [illegible] ... Sancti elogium. Eques Commissarius. [illegible]

P. Samuelis [illegible] ... Sanctorum Panegyricis.

P. Texier Panegyricorum tomo primo.

Auctor Sermonum in eodem argumento tomo primo Panegyricorum.

## PARAGRAPHUS III.

*Loci, exempla, & Applicationes Scripturarum hunc argumentum.*

Loci, qui Sancto huic congruunt praebentur [illegible] ... in quibus vitam.

J[illegible] ... Eccle. 39.

[illegible] ... Sapient. 8.

[illegible] ... Tob. 1.

[illegible]

[illegible] ... Ezech. 45.

[illegible] ... Daniel. 5.

[illegible] ... Judicum.

*Qui cum Sapientibus graditur, sapiens erit.* Prov. 13.

*Spiritum Dei sanctum habet in illo.* Daniel. 5.

[illegible] ... Ad Timoth. 1.

[illegible] ... Ad Hebr. 7.

[illegible]

[illegible]

## PARAGRAPHUS IV.

*[illegible]*

[illegible]

PARA-

PARAGRAPHUS V.

*Quid ex Theologia [illegible]*

O[illegible] ... Auditi estis, viri Nobiles, Milites, Mercatores, Judices; ... [illegible]

[illegible]

PARAGRAPHUS VI.

[illegible]

NON [illegible] in S. Sulpicio [illegible]

[illegible]

[illegible]

[illegible]

# PRO S. JOANNIS DE MATHA

## FUNDATORIS ORDINIS SANCTISSIMÆ TRINITATIS; Qui vulgo Mathurinorum vocatur, ad Captivorum redemptionem instituti,

# PANEGYRICO.

## MONITUM.

*DUO extant in Ecclesia insignes Regularium Ordines pro captivis de crudeli infidelium servitute liberandis. S. Joannes de Matha* [illegible]

# PARAGRAPHUS PRIMUS.

Variæ Sermonum de S. Joanne de Matha, aliisque, qui eumdem sibi finem propofuerunt, structuræ.

Pro themate assumentur ea S. Pauli verba: *Ministerium meum honorificabo*. Ad Rom. 11.

1. [illegible]

[illegible] II.

[illegible]

V. [illegible]

VI. [illegible]

III. [illegible]

VII. [illegible]

IV. [illegible]

PARAGRAPHUS II.

[illegible]

INter opera Innocentii III. [illegible] de Matha.

[illegible]

Authen-

[illegible]

Octavius Pancirollus in libro, cui titulus [illegible]

[illegible]

## PARAGRAPHUS III.

*Loci, exempla, & Biblica applicationes ad S. Joannem de Matha quatenus Redemptionis Captivorum institutorem.*

### Loci.

*Spiritus Domini super me, eo quod unxerit Dominus me, ad annuntiandum mansuetis misit me, ut mederer contritis corde, & prædicarem captivis indulgentiam, & clausis apertionem* [illegible]

[illegible]

[illegible]

[illegible]

PARAGRAPHUS IV.

[illegible]

PARAGRAPHUS V.

[illegible]

[illegible]

PARAGRAPHUS VI.

[illegible]

[illegible]

[illegible]

[illegible]

# PRO SANCTI HILARII
## PICTAVORUM EPISCOPI, ECCLESIÆ PATRIS, ATQUE DOCTORIS.
## PANEGYRICO.
## MONITUM.

[illegible]

[illegible]

## PARAGRAPHUS PRIMUS.

### Multiplex Sermonum hujus Argumenti Synopsis.

*[illegible] ... Jerem. 1.*

I. [illegible]

II. [illegible]

III. [illegible]

PARAGRAPHUS II.

PARAGRAPHUS III.

Loci Biblici.

[illegible]

## PARAGRAPHUS IV.

*[illegible]*

H[illegible] ... Eccles. in officio.

[illegible] Ibidem.

[illegible] S. August. l. 6. de Trinit. c. 10.

[illegible] Idem lib. 1. contra Julianum cap. 3.

[illegible] Idem alio in loco.

[illegible] S. Hieron. in Psalm. 58.

[illegible] Idem in Epist. ad Lucan.

[illegible]

Loci, qui huic convenire possunt argumento.

D[illegible] ... S. August. de Doctrina Christ.

[illegible] Idem lib. 3. de libero arbitr.

[illegible] Idem ibidem.

[illegible] S. Hieronymus.

[illegible] S. Augustinus.

[illegible] S. Bernardus in Cantic.

[illegible] Hugo.

[illegible] S. Bernard. in Cantic.

## PARAGRAPHUS V.

*[illegible]*

H[illegible]

[illegible]

## PARAGRAPHUS VI.

[illegible]

[illegible]

[illegible]

# PRO SANCTI MAURI
## DISCIPULI SANCTI BENEDICTI
## PANEGYRICO.
# MONITUM.

*[illegible] in S. Mauri laudem nihil diceremus, praeterquam illum dignum extitisse Magni S. Benedicti discipulum, imaginem [illegible] virtutum ejus, Spiritus ejusdem heredem, [illegible] Sanctae Congregationis, quae celeberrimum nomen sibi comparavit, & imitata est exemplum illustris hujus Patriarchae [illegible]. Maurum ut S. Benedicti filium [illegible]?*

*Ut autem illius characterem [illegible], & seriem illius texamus elogiorum, [illegible] de meritis filii ex meritis Patris judicium, ut [illegible] virtutesque quibus in Ordine suo, & in Ecclesia universa refulsit; Religiosas dico virtutes, per eas [illegible] exemplar [illegible], vita, cui propositum est ad sublimiorem virtutis apicem contendere. [illegible] Sancti Mauri charactere est, [illegible] Ordinis adeo Sancti, quarum ipse institutor, & qui de nomine illius S. Mauri Congregatio appellatur.*

## PARAGRAPHUS PRIMUS.

### Varia Sermonum hujus Argumenti Systemata.

*Nam & ego filius fui Patris mei.* Prov. 4.

I. [illegible] Sancto Mauro! Si [illegible]

[illegible]

1. [illegible] Hoc primum [illegible].
2. [illegible] Hoc secundum.
3. [illegible] Hoc tertium.

[illegible]

II.

III.

IV.

[illegible]

V.

VI.

[illegible]

## PARAGRAPHUS II.

*Exempla, & Figuræ Biblicæ.*

[illegible]

## PARAGRAPHUS IV.

*[illegible]*

[illegible]

## PARAGRAPHUS V.

*[illegible]*

[illegible]

[illegible]

## PARAGRAPHUS VI.

[illegible]

[illegible]

[illegible]

[illegible]

[illegible]

# PRO SANCTÆ SCHOLASTICÆ
## SORORIS SANCTI BENEDICTI,
## PANEGYRICO.
## MONITUM.

[illegible]

## PARAGRAPHUS PRIMUS.
### Varia Sermonum hujus Argumenti Systemata.

*Quis dabit mihi pennas sicut columbæ, & volabo, & requiescam? Psalm. 54.*

I. [illegible]

[illegible]

## PARAGRAPHUS II.

[illegible]

## PARAGRAPHUS III.

[illegible]

[illegible]

PARAGRAPHUS IV.

[illegible]

[illegible]

PARAGRAPHUS V.

[illegible]

[illegible]

PARAGRAPHUS VI.

[illegible]

[illegible]

[illegible]

# PRO SANCTÆ CATHERINÆ SENENSIS PANEGYRICO.

## MONITUM.

*Quemadmodum in vita, & Sanctæ hujus actibus omnia sunt inaudita, ac mirando proxima, ejus jejunia, austeritates, extases, gratiæ [illegible] a Salvatore concessa, ejus apud Deum auctoritas, denique, ut verbo omnia complectar, quidquid de illa nobis compertum est, prodigium sapiat: primum illud, quod mea quidem sententia [illegible] Commentatori, Panegyricum orationum paranti, [illegible] Religionis [illegible] esse.*

*Alterum illud, [illegible] quo magis Sanctæ hujus facta admirabilia sunt, & gratiæ, quibus [illegible] Deum ad sui nominis gloriam ea esse [illegible] ejus [illegible].*

*Tertium denique, quod ad [illegible] pertinet, illud est, quod in [illegible] Sanctæ hujus [illegible] Catharina Senensis.*

## PARAGRAPHUS PRIMUS.

### Multiplex Sermonum hujus argumenti Synopsis.

*Dilectus meus mihi, & ego illi. Cant. 1.*

I. Electo, [illegible] Sanctæ Catharinæ [illegible]

[illegible]

II. *Dilectus meus mihi, & ego illi. Cant. 1.* [illegible]

[illegible]

III. [illegible]

IV. [illegible]

V. [illegible]

VI. [illegible]

VII. [illegible]

VIII. [illegible]

PARAGRAPHUS II.

[illegible]

## PARAGRAPHUS III.

*Loci, Exempla, Figuræ, Applicationes Scripturarum huic argumento.*

Loci, qui convenire possunt virtutibus, & præclare factis Sanctæ hujus.

A[illegible] Psalm. 44.

[illegible] Psalm. 50.

[illegible] Psalm. 138.

[illegible] Psalm. 118.

[illegible] Ps. 33.

[illegible] Psal. 30.

[illegible] Psal. 147.

[illegible] Psal. 7.

[illegible] Thren. 3.

[illegible] Osee 2.

[illegible] Ad Philipp. 3.

[illegible] Ad Galat. 6.

[illegible] In Cantic.

[illegible] Sap. 3.

[illegible] Job 10.

[illegible] Ad Galat. 6.

[illegible] Ad Galat. 2.

[illegible] Ad Coloss. 3.

[illegible] Luc. 9.

[illegible] Joann. 11.

[illegible] 1. Cor. 9.

[illegible] 2. Corinth. cap. 4.

[illegible] Proverb. 23.

[illegible] Apoc. 2.

*Exempla, & Figuræ ex sacris Bibliis excerpta.*

[illegible]

[illegible]

[illegible]

PARAGRAPHUS IV.

[illegible]

[illegible]

Tertio dici potest, [illegible]

[illegible]

PARAGRAPHUS V.

[illegible]

[illegible]

## PARAGRAPHUS VI.

[illegible]

[illegible]

# PRO SANCTI JACOBI MINORIS PANEGYRICO.

## MONITUM.

*Bona fide fateor Sanctum Jacobum Minorem hoc in loco perperam afferri juxta illud consilium, quod re adhuc integra mihi proposueram, unicum scilicet hisce collectaneis meis ab iis Sanctis de quibus Novum loquitur Testamentum. Procul dubio cum magnus iste Sanctus fuerit frater Domini, videlicet proximus ejusdem agnatus, a S. Paulo inter Apostolos relatus, atque inter eosdem insignis propter auctoritatem, qua pollebat, & propter pretium in quo ab ipsis Apostolis habebatur, ille denique, cujus in festo [illegible] cum honore fit mentio, profecto praetermittendus non erat, & multo minus extra mihi propositum ordinem collocandus.*

*Perturbationis hujus mihi causa fuit, fateor equidem nimis leviter accidisse in recentiorum quorundam Criticorum sententiam, qui Ecclesiae Graecae opinionem secuti, distinguerunt S. Jacobum Alphaei natum ex duodecim, & S. Jacobum fratrem Domini, & Jerosolymae Episcopum, [illegible] duos, ideoque Sanctum nostrum ex numero Apostolorum expungentis, licet palam S. Paulus illum hac dignitate praeditum memoret. Sed post [illegible] Latinorum rationis, hac in re a Graecis dissentientium, credidi errorem meum mihi reparandum esse, ac sequendam opinionem Bibliis magis conformem, & Sanctorum Patrum sententiis consonam; cum deinde nihil me credere cogat, duos extitisse Jacobos filios Alphaei praeter S. Jacobum Fratrem Domini.*

---

## PARAGRAPHUS PRIMUS.

Multiplex Sermonum hujus argumenti Synopsis.

*Alium Apostolorum vidi neminem, nisi Jacobum fratrem Domini. Ad Gal. 1.*

I. Sanctus Jacobus Minor nuncupatus considerari potest sub triplici titulo vel qualitate, quae illum ab aliis discernunt; atque tribuunt locum amplissimum inter omnes Salvatoris discipulos.

Harum princeps fuit esse fratrem Jesu Christi, videlicet proximum ejusdem agnatum, prout Judaei loquebantur. Hoc nomen, honorifique [illegible] tribuit illi [illegible] Paulus in Epistola ad Galatas: *Alium Apostolorum vidi neminem, nisi Jacobum fratrem Domini*; [illegible]

[illegible]

II. [illegible]

III. [illegible]

### PARAGRAPHUS II.

[illegible]

E [illegible]

PARAGRAPHUS III.

[illegible]

[illegible] Jesus Christus [illegible]

[illegible]

PARAGRAPHUS IV.

*[illegible]*

V[illegible] S. Ignatius Martyr.

[illegible] Hieron. de Scriptor. Ecclesiast.

[illegible] Idem ibidem.

[illegible] Idem ibidem.

[illegible] S. Bernardus lib. 2. de consideratione c. 8.

[illegible] S. Hieron. loco citato.

[illegible] Ecclesia in [illegible] Sancti Officio.

[illegible]

[illegible] Idem.

[illegible]

Loci Sanctorum Patrum, qui illi possunt applicari.

M[illegible] S. Chrysost. [illegible]

Pro-

[illegible]

## PARAGRAPHUS V.

*Quid ex Theologicis [illegible] argumentum?*

[illegible]

## PARAGRAPHUS VI.

*[illegible] Apostolis [illegible] hujus argumenti.*

[illegible]

[illegible]

[illegible]

[illegible]

# PRO SANCTÆ MAGDALENÆ DE PAZZI PANEGYRICO. MONITUM.

[illegible]

## PARAGRAPHUS PRIMUS.

### [illegible] Synopsis.

*Dilexit multum. Luc. 7.*

I. [illegible]

II. [illegible]

III. [illegible] Cant. [illegible]

1. [illegible] Magdalenam de Pazzi [illegible] Deo [illegible]

2. [illegible]

3. [illegible]

IV. [illegible] Jesu Christi [illegible] Corinth. [illegible]

1. [illegible]

2. [illegible]

3. [illegible]

4. [illegible]

V. Mysticæ Theologiæ [illegible]

1. [illegible]

2. [illegible]

3. [illegible]

4. [illegible]

VI. [illegible] Magdalenæ de Pazzi [illegible]

1. [illegible]

2. [illegible]

3. [illegible] cum Angelis, [illegible] Jesus Christus.

PARAGRAPHUS II.

[illegible]

Vita Sanctæ Magdalenæ de Pazzi [illegible] Confessario [illegible]

Idem vita Sanctæ hujus [illegible] Deo.

[illegible]

Panegyricorum [illegible]

[illegible] Panegyricum, [illegible]

PARAGRAPHUS III.

Loci, exempla, figuræ, ex Scripturis depromptæ ad hoc argumentum.

Loci.

Conformatum est [illegible] Judith. 15.

[illegible] 1. ad Corinth. 7.

[illegible] Eccl. 26. [illegible]

[illegible] Proverb. 22.

[illegible] Jesu Christi Domini nostri, [illegible] Ad Philipp. 3.

[illegible] 1. Reg. 15.

[illegible] Deuter. 7.

Qui Christi sunt, [illegible] Ad Galat. 5.

[illegible] Ps. 44.

[illegible] Cant. 7.

[illegible] Ps. 15.

[illegible] Prov. 4.

[illegible] Christus. Ad Galat. 2.

[illegible] Domini nostri Jesu Christi.

Exempla, & figuræ Biblicæ.

Hæc est, [illegible]

Crescens [illegible] S. Magdalenæ de Pazzi [illegible] Eucharistiæ Sacra-

[illegible]

PARAGRAPHUS IV.

[illegible]

Q[illegible]

[illegible]

PARAGRAPHUS V.

*Quid ex Theologia depromi posse ad hoc argumentum pertinens.*

N[illegible]

[illegible]

[illegible]

PARAGRAPHUS VI.

[illegible]

[illegible] Dei Sponsa conjungenda. Abjecta ergo dicta [illegible] Magdalenae [illegible] Propter [illegible] [illegible] Auctor [illegible]

Nulla [illegible]

[illegible] quam [illegible] Magdalena [illegible] Christi [illegible]

[illegible] Urinam [illegible] Auctor [illegible]

[illegible] S. Magdalena de Pazzi [illegible] Calvariam [illegible] S. Pauli verba [illegible] Cruce Do-mini [illegible] Quid [illegible]

Cum Sancta Magdalena [illegible] Dei [illegible]

Cum illi, qui Deo [illegible]

[illegible]

[illegible]

# PRO SANCTI CAJETANI
## THIENNÆI CLERICORUM REGULARIUM VULGO THEATINORUM INSTITUTORIS.
## PANEGYRICO.
## MONITUM.

P[illegible]

[illegible]

# PARAGRAPHUS PRIMUS.

## Varii Sermonum hujus Argumenti Systemata.

*Zelus domus tuæ comedit me. Psalm. 68.*

I. [illegible] ... S. Cajetanum ... [illegible]

II. [illegible]

[illegible]

Tertium est Cleri mutuam cum Religiosis suam disciplinam connectere ... [illegible] ... *Autor Manuscriptus*.

III. Ostendo porrò quam rationem ... [illegible]

IV. [illegible]

V. [illegible]

PARA-

## PARAGRAPHUS II.

*Fontes, unde hauriri copia possit ad hoc argumentum pervestigandum, & Authores, qui de illis agunt.*

Vitae Sancti Cajetani Institutoris Congregationis Clericorum Regularium, vulgo Theatinorum, compendium a P. [illegible] ejusdem Congregationis, complectitur quidquid de Sancto hoc dictum [illegible]; ut [illegible] [illegible] [illegible] quae in collectaneis hisce nostris [illegible].

P. Caracc. in Advertiis pro [illegible] [illegible] [illegible] [illegible] compendium [illegible] vitae, ubi praecipua [illegible] argumenta.

Hermann in Historia institutionum Ordinum Regularium [illegible] [illegible] de Congregatione Theatinorum.

Vezzosi [illegible], qui de hoc argumento scripserunt [illegible] [illegible] Congregationis Annalibus, & [illegible] Regulis interpres.

[illegible] in [illegible] [illegible] Religion.

[illegible] ad annum 1524.

In Officio, quod Ecclesia recitat S. Cajetani adest Compendium vitae, & miraculorum, [illegible] [illegible], quorum [illegible] videtur [illegible] in Bulla Canonizationis.

Joannes Baptista de Tufi Episcopus Acernensis in Historia Clericorum Regularium.

De [illegible] [illegible] [illegible], ad MS. confugiendum [illegible].

## PARAGRAPHUS III.

*Loci, exempla, Figurae, & applicationes Scripturarum hoc argumento.*

### Loci, qui ad Sancti paupertatem referri possunt.

*Nolite possidere aurum, neque argentum, neque pecuniam in zonis vestris.* Matth. 10.

*Qui non renuntiat omnibus, quae possidet, non potest meus esse discipulus.* Luc. 14.

*[illegible] [illegible] in paupertate [illegible] [illegible] [illegible] [illegible]* [illegible]. [illegible] 12.

*Pauperem quidem vitam gerimus, sed multa bona habebimus, si timuerimus Deum, & recesserimus ab omni peccato, & fecerimus bene.* Tob. 4.

*[illegible] [illegible] [illegible].* Job 19.

*Tibi derelictus est pauper, pupillo, & orphano tu eris adjutor.* Psalm. 10.

*Parasti in dulcedine tua pauperi Deus.* Psal. 67.

*[illegible] pauperum factus [illegible].* Psal. 71.

*[illegible] paupertas [illegible] [illegible] [illegible].* Eccli. 7.

*Altissima paupertas eorum, abundavit in divitias simplicitatis eorum.* 2. Corinth. 8.

### Loci soli illum applicabiles.

*Zelus domus tuae comedit me.* Psalm. 68.

*[illegible] qui oderunt te, Domine, oderam, & super inimicos tuos tabescebam?* Psalm. 138.

*Zelo zelatus sum pro Domino exercituum, quia dereliquerunt pactum tuum filii Israel.* 3. R. c. 19.

*Ascenderunt velut ignis [illegible] [illegible].* Psalm. 78.

*Tabescere me fecit zelus meus.* Psalm. 118.

*[illegible], qui [illegible] [illegible] [illegible], [illegible] [illegible] [illegible].* 1. Machab. 2.

*Quis infirmatur, & ego non infirmor? Quis scandalizatur, & ego non uror?* 2. Cor. 11.

*Vidi praevaricantes, & tabescebam.* Psalm. 118.

*Qui fecerit, & docuerit, magnus vocabitur in regno coelorum.* Matth. 5.

*Qui ad justitiam erudiunt multos, fulgebunt quasi stellae in perpetuas aeternitates.* Daniel. 12.

*Filioli, quos iterum parturio, donec formetur in vobis Christus.* Ad Galat. 4.

*Zelatus sum Sion zelo magno.* Zach. 8.

*[illegible] [illegible] [illegible] [illegible] [illegible], [illegible] [illegible] [illegible] [illegible].* 2. Malach. 2.

*[illegible] [illegible], [illegible] [illegible] [illegible].* [illegible] 75.

*Beatus vir, qui inventus est sine macula, & qui post aurum non abiit, nec speravit in pecunia, & thesauris [illegible].* Eccl. 31.

### Loci applicabiles illius mortificationi, & humilitati.

*Mortificationem Jesu in corpore nostro circumferentes, ut & vita Jesu manifestetur in corporibus nostris.* 2. Corinth. cap. 4.

*Qui vult venire post me, abneget semetipsum, & tollat crucem suam, & sequatur me.* Luc. 9.

*Qui Christi sunt carnem suam crucifixerunt cum vitiis, & concupiscentiis suis.* Ad Galat. 5.

*[illegible] [illegible] [illegible] [illegible] [illegible], [illegible] [illegible] [illegible] [illegible].* Psalm. 43.

*Hoc scientes quia vetus homo noster simul crucifixus est, ut destruatur corpus peccati, ut ultra non serviamus peccato.* Ad Rom. 6.

*Castigo corpus meum, & in servitutem redigo.* 1. Corinth. 9.

*Qui odit animam suam in hoc mundo, in vitam aeternam custodit eam.* Joann. 12.

*Qui voluerit animam suam salvam facere, perdet eam; qui autem perdiderit animam suam propter me, inveniet eam.* Matth. 16.

*Quod stultum est Dei, sapientius est hominibus.* 1. Corinth. 1.

*Si quis videtur inter vos sapiens esse in hoc saeculo, stultus fiat, ut sit sapiens.* Ibid. 3.

*Nos stulti propter Christum.* Ibid. 4.

### Loci desumpti ex Officio Ecclesiae de Bulla canonizationis.

*Cajetanus nobilis Vicentiae [illegible] [illegible], [illegible] a [illegible] Deiparae Virgini oblatus est.*

*[illegible] a [illegible] [illegible] [illegible] [illegible] [illegible] [illegible], [illegible] ut [illegible] ab omnibus [illegible].*

*[illegible] [illegible], a [illegible] [illegible] [illegible], & [illegible] [illegible], [illegible] divini amoris [illegible] [illegible] est, ut [illegible] [illegible], se totum Deo [illegible].*

*[illegible] [illegible] [illegible] [illegible], [illegible] [illegible] [illegible] [illegible] [illegible] [illegible] infirmis.*

*[illegible] [illegible] [illegible] [illegible] [illegible], [illegible] [illegible] [illegible] [illegible].*

*Collapsam Ecclesiasticorum disciplinam ad formam Apostolicae vitae instaurare desiderans, ordinem Clericorum Regularium instituit, qui nec [illegible] [illegible] a fidelibus [illegible], sed solis [illegible] [illegible], [illegible] [illegible].*

*In urbis Romae direptione a militibus crudelissime [illegible], ut pecunias proderet, quas [illegible] in coelestes thesauros manus pauperum deportaverant, [illegible], [illegible], & [illegible] [illegible] [illegible].*

*In suscepto vitae instituto constantissime perseverans, soli divinae Providentiae [illegible].*

*[illegible] [illegible] [illegible], [illegible] [illegible] Dei, sanctissimae Eucharistiae frequentem usum omnium [illegible].*

*[illegible] [illegible], & [illegible] [illegible] [illegible], & [illegible].*

*[illegible] ad [illegible] [illegible] [illegible] [illegible] [illegible] [illegible].*

*Corpus [illegible] [illegible] [illegible] [illegible] [illegible].*

### *Exempla, & Figurae ex Biblijs deprompta.*

Praecipuum Eliae Prophetae character erat zelus zelans pro Domo Dei: *Zelo zelatus sum pro Domino Deo exercituum.* Hunc [illegible] [illegible] [illegible] [illegible], quo in [illegible] [illegible] [illegible] [illegible] [illegible]. [illegible] ille [illegible] Dei [illegible] [illegible], se [illegible] cum [illegible] suo [illegible] [illegible], qui [illegible] [illegible] [illegible] [illegible]. [illegible], [illegible] [illegible] [illegible] [illegible], [illegible] [illegible] ut Elias zelo Domus Dei [illegible]. [illegible] [illegible] [illegible], videns [illegible] Altaria [illegible] [illegible] [illegible] cum [illegible] [illegible], quae coram Deo ardere [illegible]. Videns [illegible] [illegible], ubi [illegible] [illegible] [illegible] cleri [illegible], & [illegible], in qua [illegible] [illegible] [illegible] [illegible]. [illegible] sibi adscivit Joannem Petrum Caraffam, [illegible] [illegible], [illegible] [illegible] [illegible] [illegible] [illegible], ut Ecclesiae disciplinam [illegible] [illegible] [illegible]. Vitae [illegible], quam [illegible] [illegible], voluntaria paupertas, quam [illegible] [illegible] ad Evangelica paupertatis [illegible], [illegible] [illegible], quod [illegible], [illegible] [illegible] Ecclesiae Dei [illegible] [illegible] [illegible]. [illegible] Divinae legis, [illegible] disciplinae [illegible] [illegible] [illegible] [illegible]; & brevi [illegible] [illegible] ad [illegible] [illegible], qui [illegible] [illegible] Dei [illegible] [illegible] [illegible] [illegible] [illegible] viri ad [illegible] [illegible] [illegible] [illegible].

Quod [illegible] [illegible] [illegible] [illegible] [illegible] [illegible] [illegible], qui Romam [illegible], [illegible] [illegible] [illegible] [illegible], [illegible] [illegible] [illegible] [illegible], [illegible] [illegible] [illegible] [illegible], quas ejus Charitas [illegible] manu in [illegible] [illegible] [illegible]! Nullo [illegible] [illegible], [illegible] [illegible] non [illegible], [illegible], [illegible] [illegible] [illegible] [illegible] [illegible] [illegible] [illegible] ad [illegible] a Sancto viro [illegible] [illegible], [illegible] [illegible]. [illegible] [illegible] [illegible], quid [illegible] [illegible]; [illegible], [illegible] [illegible] S. [illegible] [illegible] [illegible], [illegible], [illegible] [illegible], ubi [illegible] [illegible] [illegible]; [illegible] [illegible] [illegible] [illegible] [illegible]; [illegible] [illegible] [illegible], quod [illegible] ejus [illegible] [illegible], & [illegible] [illegible] ab [illegible] [illegible], [illegible] [illegible], [illegible] qui [illegible] [illegible], qui pro Jesu Christo [illegible]. Apostolicae paupertatis, [illegible] [illegible] [illegible] [illegible] [illegible] [illegible] [illegible] [illegible] [illegible] [illegible] [illegible], [illegible] [illegible] [illegible]. *[illegible], [illegible], & [illegible] [illegible] [illegible].* Quam [illegible] [illegible] [illegible], S. Paulus [illegible] [illegible] [illegible], [illegible] [illegible] [illegible] [illegible] [illegible] [illegible]; verum [illegible] quod [illegible] [illegible] [illegible] [illegible]. Quam [illegible] [illegible] S. Cajetanus,

[illegible] [illegible] [illegible] [illegible] [illegible] [illegible]

[illegible] [illegible] [illegible] [illegible] [illegible] [illegible] [illegible] [illegible]

In [illegible]

[illegible]

## PARAGRAPHUS IV.

*[illegible]*

[illegible]

## PARAGRAPHUS V.

*[illegible]*

NON [illegible]

[illegible]

[illegible]

[illegible]

## PARAGRAPHUS VI.

[illegible]

[illegible]

[illegible]

[illegible]

[illegible]

[illegible]

# PRO SANCTÆ CLARÆ PANEGYRICO, MONITUM.

*Sancta Clara in Ecclesia universa celeberrima, tum virtutum suarum fama, tum numero Sanctimonialium, quarum Mater habetur, fuit, uti legitur [illegible], ut Filia Seraphici Sancti Francisci Assisiatis. Deus, qui admirabilis est in Sanctis suis, ostendit in hac austerissimi Ordinis Institutrice, [illegible] virtutibus esse parem. Quemadmodum [illegible], quod Sanctus Franciscus inter Viros, hoc fecit Sancta Clara inter Virgines Deo per vota Religiosa servas. En, una quidem sententia, paucis verbis argumentum absolutissimi Elogii, quod de hac Sancta Virgine valeas exornari, & amplissimus, qui de eadem, fieri possit conceptus.*

*In hoc argumento pertractando hoc unum utilitas est, quod eadem rerum copia, quæ ad Sancti Francisci Panegyricum in medium allata est, adhiberi possit in Elogio Sanctæ Claræ propter similitudinem eorumdem argumentorum, & multo magis propter exempla earumdem virtutum, paupertatis, humilitatis, & pœnitentiæ quæ utraque præbuerunt [illegible] suis in eo vitæ genere, quod fuerunt amplexi.*

## PARAGRAPHUS PRIMUS.

### Multiplex Sermonum hujus argumenti Synopsis.

Sanctam Claram triplici in statu considerare possumus. 1. Tanquam Sancti Francisci Assisiatis Filiam; 2. tanquam Jesu Christi Sponsam; 3. tanquam Ordinis sui Matrem.

[illegible]

[illegible] Tertium [illegible], in quo considerari posset Sanctæ Claræ [illegible] ex [illegible] [illegible], [illegible], quod quamvis S. Francisci Filia, & Sponsa Jesu Christi, [illegible] est [illegible] Mater Ordinis, quem ipsa [illegible] in Ecclesia, & qui [illegible] quidem [illegible], aliud vero [illegible] proprie Sponsæ. Nam [illegible] S. Francisci [illegible] fuit [illegible] ad revocandam in Christiana Religione [illegible], humilitatis, & paupertatis, & [illegible] gloriosis hanc partem est, ut [illegible] ipse [illegible] ad Evangelicæ perfectionem [illegible], ipsa ad [illegible] [illegible] [illegible]; [illegible] familiam, quæ Sancti Francisci spiritu [illegible], ac [illegible] quidquid in Regulari statu [illegible] est, ac [illegible]. Hoc pacto facta est parens [illegible], quæ in omnia [illegible] fecunda, [illegible] in omnia se Regna, [illegible] Urbes, & oppida extendit, non [illegible] ac Ordo S. Francisci. Adde his [illegible] per exemplum, quod quis [illegible], ille se parat [illegible], [illegible] vitam gratiæ, vel non [illegible] in [illegible] progressum; [illegible] S. Claræ [illegible] Mater est non Sanctimonialium, quæ [illegible] in perfectionis viam, quemadmodum ipsa quoque pro Patre habet Sanctum Franciscum, qui primus [illegible] illi viam hanc [illegible] parum cognitam, ac [illegible] [illegible] vestigiis [illegible] est, [illegible] Religiosis, Sanctæ Filiæ [illegible] sanctissimæ, [illegible] hoc [illegible] [illegible] exemplum quod [illegible] [illegible].

II. *Quam pulchra est casta generatio cum claritate!* Sap. 4. Deus, qui Assisii in [illegible] [illegible] pro omnibus exemplar [illegible] Evangelicæ perfectionis in magno, & Seraphico Sancto Francisco, [illegible] [illegible] [illegible] [illegible], [illegible] Sanctæ Claræ, quæ in [illegible] [illegible] [illegible] est idem vitæ genus, atque institutum. Quæ Sancti Francisci [illegible], [illegible] [illegible], [illegible] facta est Magistro suo, ac [illegible] [illegible].

1. Per vitæ sanctitatem, & [illegible] [illegible]. [illegible] Evangelica [illegible] [illegible] Observantiam, [illegible] humilitate, [illegible] mortificatione; vel per vitæ genus maxime oppositum [illegible] [illegible] [illegible].

2. Per institutionem Ordinis ad eamdem perfectionem tendentis; quæ res effecit illam per [illegible], & vitæ Sanctitatem [illegible] [illegible], & [illegible] [illegible], [illegible] Sanctimonialium, quæ ad [illegible] [illegible] se devoverunt [illegible] [illegible], quod cum Scriptura [illegible] [illegible] pulchra & casta generatio. *Quam pulchra est casta generatio cum claritate!*

III. *Hæc est virgo sapiens, & una de numero prudentum!* Verba hæc [illegible] sunt ex Officio sanctarum virginum, quæ colit Ecclesia. Sapientia, ut D. Thomas, est [illegible], ac profunda cognitio [illegible] [illegible] [illegible]; prudentia vero est virtus, quæ efficit ut [illegible] [illegible] ad [illegible] [illegible] [illegible], quem [illegible] propositum. Admirabilis S. Claræ [illegible] [illegible] sunt non [illegible], quam illam [illegible] [illegible] [illegible] Virginibus, quas Ecclesia [illegible] in [illegible] [illegible], quæ in vita sua [illegible] [illegible] [illegible] Christianæ Sapientiæ [illegible] [illegible]; quod illi [illegible] [illegible] Claræ, [illegible] [illegible] [illegible] [illegible]. Si enim ex [illegible] [illegible], [illegible] Sapientia [illegible] [illegible], [illegible] Christiana Religione; [illegible] [illegible] est prudentiæ regula, [illegible] in [illegible] [illegible] Evangelicæ [illegible], quæ ad [illegible] [illegible] gradum [illegible], [illegible] [illegible] [illegible] [illegible] proprietatem, [illegible] S. Clara [illegible] [illegible] [illegible] Sapientiæ [illegible] [illegible], quæ illi [illegible].

1. Mundi [illegible] ad [illegible] [illegible], & [illegible], [illegible] ac [illegible] cognita fuit.

2. [illegible], [illegible] [illegible] [illegible] in mundo; ut videlicet [illegible] [illegible], [illegible] [illegible] [illegible] consilia, ut ad [illegible] perfectionis gradum perveniens [illegible] vitam [illegible].

3. Ut suo doceret exemplo, [illegible] [illegible] [illegible], quæ caret [illegible] & [illegible] [illegible] [illegible], [illegible] [illegible] Deo, [illegible] [illegible] [illegible].

IV. Afferri pro themate possent verba illa, quæ olim dicta fuerunt Judith; *Erat autem [illegible] in omnibus [illegible], & [illegible]*. Judith c. 10. [illegible] est, [illegible] [illegible] [illegible], quod & valet [illegible], & [illegible] [illegible] comparatione. Sed [illegible] [illegible], quæ [illegible] [illegible] [illegible] [illegible], ut [illegible], nullam habent rationem [illegible], quod [illegible], vel [illegible] [illegible] temporum decursu; [illegible] est, [illegible], aut [illegible], quæ pro illis [illegible], [illegible] [illegible] [illegible] [illegible], [illegible] [illegible] prudentia, quæ [illegible] [illegible] [illegible]. Hinc [illegible], quod [illegible] [illegible] [illegible], & [illegible] [illegible] in [illegible] [illegible] [illegible] [illegible] [illegible], qui [illegible] [illegible] [illegible] [illegible], [illegible] [illegible] [illegible], qui [illegible] [illegible] [illegible] [illegible], quod [illegible] [illegible]. Quod tamen non prohibuit quominus S. Joanna

Chrysostomus diceret, [illegible] magnum aliquid prætendentis esse [illegible], [illegible] cum illis [illegible] [illegible] [illegible] [illegible] [illegible], & [illegible] [illegible], quæ [illegible]. [illegible] [illegible] non videbatur vobis, ut S. Claræ [illegible] [illegible] hoc [illegible] [illegible] [illegible] [illegible]; [illegible] [illegible] [illegible] [illegible] [illegible], Dei Filium, qui est æterna Sapientia, revelasse [illegible] illam hanc [illegible] [illegible] [illegible], ut [illegible] lucem, quæ [illegible] claritate erat [illegible], & ideo illam Claram nuncupandam [illegible], quæ [illegible] [illegible] [illegible] explevit.

1. Quia [illegible] fuit [illegible] luminibus, & sublimioris Sapientiæ claritate, quæ effecit ut [illegible] contemneret fallacem mundanæ [illegible] lucem, amplexa Crucem, & Evangelica in [illegible] [illegible] consilia.

2. Quia [illegible] [illegible] [illegible] [illegible] [illegible] virtutum, admirabilibus operibus suis, ingenti numero Sanctarum Virginum, quæ illam [illegible] [illegible] subjecerunt, & [illegible] [illegible] tanquam [illegible] sydera [illegible]. *[illegible] ad justitiam erudiunt multos, fulgebunt sicut stellæ in perpetuas æternitates.*

V. *Prudentes Virgines acceperunt lampades suas, & exierunt obviam Sponso.* Matth. 25. Hoc [illegible] [illegible] argumentum, ad colligendam totam Sanctæ Claræ vitam ostendere.

1. [illegible], qua vocationis suæ gratiæ respondit, ut occurreret cœlesti Sponso. Cum enim Deus [illegible] [illegible] S. Francisci opera, ad fundandum hunc Sanctæ vitæ genus perfectissimum, & sæculi [illegible] [illegible] [illegible], quæ illa sequuntur virgines, quas Sponsus Sanctas [illegible] appellat; illa haud [illegible] [illegible] est [illegible] viam, quæ ducit ad Deum; [illegible] [illegible] obviam, quæ adversabantur. & [illegible] [illegible] de [illegible] [illegible] [illegible] [illegible] non [illegible] ac de [illegible] [illegible], quibus [illegible] [illegible], ut illam ab incœpto deterrerent.

2. Ejus fortitudinem, & constantiam in [illegible] [illegible] [illegible] [illegible], & observandis ad [illegible] regulis, quas Sanctus illius moderator constituit in Ordine [illegible] [illegible], [illegible] [illegible] [illegible] [illegible] [illegible].

3. Gratias, & benedictiones, quas Deus in hunc Ordinem effudit, qui observavit, & observat [illegible] [illegible] fidelitate, & [illegible] quidquid in Dei servitio, religiosaque vita est perfectissimum.

## PARAGRAPHUS II.

*Summa eorum quæ Auctores scripsere ad propositum argumentum pertinentium, & Auctores, qui de illis agunt.*

IN Chronicis Ordinis S. Francisci, legitur vita, virtutes, actiones, miracula Sanctæ Claræ. [illegible] [illegible], ut inde copia duci possit ad Panegyricum componendum. Sedem quam hic Historici.

Wadingus in Annalibus [illegible] [illegible] [illegible] refert vitam; & quidquid ad [illegible] hanc Virginem pertinet.

Ribadeneira in flore vitarum Sanctorum ad duodecimum Augusti diem.

Hermant in Historia institutionis Ordinum Regularium, cap. 34.

P. Croiset in Exercitiis [illegible] pro duodecima Augusti die, habet compendium vitæ ejusdem in Panegyrici formam.

P. Nouet in vita Jesu Christi in Sanctis suis ad duodecimum Augusti diem, habet considerationem ordine digestam, ubi referuntur [illegible] [illegible] hujus virtutes, & gratias, quas accepit a Deo.

Bourdaloue Tomo 3. Panegyricorum [illegible].

P. Texier in Panegyricis Tomo 1.

In elogiis historicis Sanctorum [illegible] [illegible] hujus argumentum. Continentur in omnibus.

P. la [illegible] in Oratorio, Tomo 5. [illegible].

## PARAGRAPHUS III.

*Loci, Exempla, Figuræ, & Applicationes Biblicæ huic argumento.*

### Loci.

E*Go autem mendicus sum, & pauper; Dominus sollicitus est mei.* Psalm. 39.

*Omnis, qui reliquerit domum, vel fratres, aut sorores, aut patrem, aut matrem, aut filios, aut agros propter nomen meum, centuplum accipiet, & vitam æternam possidebit.* Matth. 19.

*Existimo omnia detrimentum esse propter eminentem scientiam Jesu Christi Domini mei, propter quem omnia detrimentum feci, & arbitror ut stercora, ut Christum lucrifaciam.* Philipp. 3.

*Si commortui sumus cum Christo, & convivemus cum illo; & si sustinebimus, & conregnabimus.* 2. ad Tim. 2.

*Mihi autem absit gloriari nisi in cruce Domini nostri J. C.*

[illegible]

[illegible]

## PARAGRAPHUS IV.

[illegible]

## PARAGRAPHUS V.

[illegible]

[illegible]

PARAGRAPHUS VI.

[illegible]

[illegible]

[illegible]

[illegible]

# PRO SANCTI ROCCHI PANEGYRICO.

## MONITUM.

[illegible]

[illegible]

## PARAGRAPHUS PRIMUS.

### Varia Sermonum hujus Argumenti Systemata.

*Se ipsum exinanivit formam servi accipiens. Ad Philipp. 2.*

1\. [illegible]

[illegible]

II. [illegible]

III. [illegible]

IV. [illegible]

V. [illegible]

## PARAGRAPHUS II.

[illegible]

[illegible]

## PARAGRAPHUS III.

*Loci, Exempla, Applicationes Scripturarum huic Argumento.*

Loci, qui huic argumento possunt inservire.

P*ertransiit benefaciendo, & sanando omnes.* Act. 10.

[illegible] Matth. 9.

[illegible] Luc. 1.

[illegible] Eccli. 7.

[illegible] Psal. 102.

[illegible] Eccli. 38.

[illegible] Jer. [illegible]

[illegible] Ibid.

[illegible] Luc. 10.

[illegible] Job 3.

[illegible] Tob. 12.

[illegible] Tob. 2.

[illegible] Job 31.

[illegible] Matth. 25.

[illegible] Ibid.

[illegible] 2. Cor. 11.

[illegible] Jer. 6.

[illegible] 1. ad Thess. 5.

*Exempla, & Figurae ex Scripturis huic argumento congruentes.*

HOC [illegible]

[illegible]

*Applicationes aliquot Scripturae locorum ad hoc argumentum.*

I*nfirmus eram, & visitastis me.* Matth. 25. [illegible]

[illegible] hujus

[illegible]

PARAGRAPHUS IV.

*[illegible]*

F[illegible] Tragicus Euripides.

[illegible] S. Hieronymus in Epistola.

[illegible] S. Augustinus lib. [illegible]

[illegible] S. Greg. hom. 9. in Evangel.

[illegible] Idem de [illegible] cap. 28.

[illegible] Idem lib. 4. de Doctrina Christi.

[illegible] Clemens Alexandrinus lib. 2. Stromat.

[illegible] Gregor. Nazianz. Orat. 14.

[illegible] S. Leo Serm. 10. de Quad.

[illegible]

PARAGRAPHUS V.

*[illegible]*

M[illegible]

[illegible]

## PARAGRAPHUS VI.

[illegible]

[illegible]

[illegible]

# PRO S. DIONYSII AREOPAGITÆ
## PRIMI PARISIORUM EPISCOPI.
## PANEGYRICO.
## MONITUM.

[illegible]

# PARAGRAPHUS PRIMUS.

Multiplex Synopsis Sermonum hujus argumenti.

*Quidam vero viri adhærentes ei, crediderunt; in quibus & Dionysius Areopagita. Act. 17.*

I. [illegible]

II. [illegible]

III. [illegible]

IV. [illegible]

V. [illegible]

[illegible]

## PARAGRAPHUS II.

[illegible]

[illegible]

[illegible]

PARAGRAPHUS III.

*Loci, Exempla, Figuræ, & Applicationes Scripturæ huic Argumento.*

Loci.

[illegible]

*Exempla, & Figuræ.*

[illegible]

PARAGRAPHUS IV.

Elogia, quæ Sancti quidam Patres edidarunt in laudem S. Dionysii Areopagitæ.

A ... Sanctus Chrysostomus lib. ... de Incomprehensibili ...

Magnus Dionysius. Idem.

... Sanctorum Patrum loci, qui huic panegyrico applicari possunt.

PARAGRAPHUS V.

[illegible]

## PARAGRAPHUS VI.

[illegible]

[illegible]

PRO SANCTI MATTHÆI

APOSTOLI, ET EVANGELISTÆ,

PANEGYRICO.

MONITUM.

[illegible] S. Matthæum [illegible] Panegyricorum argumenta. [illegible] in Tomo Primo, [illegible] Scriptura; [illegible] verba [illegible] Festus [illegible] S. Matthæi [illegible] Gallia, [illegible] Ecclesias esse, in quibus [illegible] Panegyricum ea die, qua Ecclesia hunc recolit solemniter.

[illegible] Apostolis [illegible] Sanctum Evangelium, quod ille primus composuit, [illegible] Filii Dei, & [illegible] Panegyricum [illegible].

PARAGRAPHUS PRIMUS.

Varia Sermonum hujus Argumenti Systemata.

*Cum transiret Jesus vidit hominem sedentem in Telonio Matthæum nomine, & ait illi: sequere me: & surgens secutus est eum. Matth. 9.*

I. [illegible]

[illegible]

II.

[illegible]

III.

[illegible]

IV.

[illegible]

PARAGRAPHUS II.

[illegible]

[illegible]

PARA-

## PARAGRAPHUS III.

*Loci, Exempla, Figuræ, & Applicationes Biblicæ hujus argumenti.*

### Loci, ubi de Sancto hoc sermo est, vel qui illi possunt competere.

### *Exempla, & Figuræ, ex Scripturis desumptæ.*

[illegible]

in conversione S. Matthæi. [illegible] Divinitatis [illegible] *sequere me*. Hoc [illegible] *sequere me*. [illegible] Evangelicæ [illegible] Discipulum. [illegible] Salvator [illegible] *sequere me*. [illegible] O homo! [illegible] Dei [illegible] In Publicano [illegible] Mundo, Carne, & Diabolo [illegible] Salvatorem [illegible]

## PARAGRAPHUS IV.

*[illegible] Sanctorum Patrum [illegible] hujus argumenti, ad quod hoc argumento [illegible].*

C*[illegible] Matthæum [illegible].* S. Chrysologus Serm. [illegible].

*[illegible] Matthæum, qui [illegible].* Sanctus Ambrosius.

*Quid mirum si Christus publicanum [illegible]* S. Chrysost. in Matth. cap. [illegible]

*[illegible]* S. Chrysost. Ibidem.

*[illegible] Christus Matthæum [illegible]* S. Chrysolog. Serm. [illegible]

*[illegible]* Idem Ibidem.

*[illegible] Dei [illegible] Dei [illegible]* S. August. Epist. [illegible] loquens de S. Paulino.

*[illegible]* Idem Serm. [illegible] de verbis Apostol.

*[illegible]* S. Bernard. Epist. [illegible]

*[illegible]* (in Christo) *[illegible]* S. Hier. lib. [illegible] Comment. in Matth.

*[illegible]* Idem Ibidem.

*[illegible] Christi [illegible]* [illegible] Evangelium [illegible] Jesum Christum [illegible] Sanctus Ambrosius.

## PARAGRAPHUS V.

*Quid depromi possit ex Theologis fontibus in hoc argumentum.*

SI S. Bernardo credimus, conversio S. Matthæi [illegible] & S. Pauli [illegible] Filii Dei [illegible] S. Paulus [illegible] S. Matthæus [illegible]

[illegible] Filii Dei [illegible] Magdalenæ, vel Pauli [illegible]

[illegible] in Deo [illegible] Magdalena [illegible] S. Thomas [illegible] S. Matthæi [illegible] Dei [illegible] S. Evangelista [illegible] S. Chrysostomus [illegible] Dei [illegible] Publicanum [illegible] Jesum [illegible]

[illegible] Apostolum [illegible] Dei [illegible] *sequere me*. [illegible]

[illegible] S. Paulus [illegible] S. Chrysostomus [illegible]

[illegible] Theologi [illegible] Dei [illegible] Deus [illegible]

[illegible]

PARAGRAPHUS VI.

[illegible]

[illegible]

[illegible]

[illegible]

# PRO INDULGENTIA PORTIUNCULÆ, ET FESTIVITATE B.^{mæ} VIRGINIS ANGELORUM Nuncupatæ.

## MONITUM.

[illegible]

## PARAGRAPHUS PRIMUS.

### Multiplex Sermonum hujus argumenti Synopsis.

*Desiderium cordis ejus tribuisti ei, & voluntate labiorum ejus non fraudasti eum. Psalm. 20.*

I. [illegible]

II. [illegible]

III. [illegible]

[illegible]

VIII. Pro [illegible]

[illegible]

IV. [illegible]

IX. [illegible]

V. [illegible]

VI. [illegible]

VII. [illegible]

PARAGRAPHUS II.

[illegible]

[illegible]

[illegible]

PARAGRAPHUS III.

*Loci, Exempla, Figuræ, Applicabiles [illegible] argumento.*

Loci, qui ad hoc argumentum aptari possunt.

[illegible]

*Exempla, & Figuræ Biblicæ.*

[illegible]

[illegible]

[illegible]

## PARAGRAPHUS IV.

[illegible]

## PARAGRAPHUS V.

[illegible]

[illegible]

## PARAGRAPHUS VI.

[illegible]

[illegible]

[illegible]

[illegible]

[illegible]

[illegible]

[illegible]

[illegible]

# PRO DIE FESTO ET PANEGYRICO OMNIUM SANCTORUM

## MONITUM.

[illegible]

[illegible]

[illegible]

## PARAGRAPHUS PRIMUS.

### Multiplex Panegyricarum Orationum Synopsis hujus argumenti.

*Vidi turbam magnam, quam dinumerare nemo poterat ex omnibus gentibus, stantes ante thronum.* Apocalyps. 7.

I. [illegible]

[illegible] II.

[illegible]

[illegible]

VIII. [illegible]

IX. [illegible]

X. [illegible]

XI. [illegible]

XII. [illegible]

XIII. [illegible]

XIV. [illegible]

[illegible]

XV. [illegible]

XVI. [illegible]

XVII. [illegible]

XVIII. [illegible]

XIX. [illegible]

XX. [illegible]

PARAGRAPHUS II.

[illegible]

[illegible]

PARAGRAPHUS III.

*[illegible], Exempla, Figuræ, & applicationes [illegible] hujus argumenti.*

[illegible]

D[illegible]

[illegible]

*Exempla, & Figuræ Biblicæ hujus argumenti.*

N[illegible]

[illegible]

[illegible]

[illegible]

Job [illegible] [illegible]

[illegible]

## PARAGRAPHUS IV.

[illegible]

T[illegible] S. August. in quodam sermone.

[illegible] Idem serm. 47. de Sanctis.

[illegible] S. Ambros. l. de Joseph.

[illegible] S. Hieronymus in quadam Epistola.

[illegible] S. Chrys. homil. [illegible] in Matth.

[illegible] Idem [illegible] de Confess.

[illegible] Idem.

[illegible] S. August. de Doctrina Christ.

[illegible]

## PARAGRAPHUS V.

[illegible]

Æ[illegible]

[illegible]

[illegible]

[illegible]

## PARAGRAPHUS VI.

[illegible]

[illegible]

[illegible]

[illegible]

---

# PRO SANCTI HIERONYMI
## DOCTORIS ECCLESIÆ
## PANEGYRICO.
# MONITUM.

*D texendum S. Hieronymi Doctoris Ecclesiæ Panegyricum satis esse videretur [illegible] Ecclesiæ, Doctoris Maximi, vel Doctoris [illegible]; si enim S. Paulus cum Apostolatu [illegible] Doctoris [illegible] Mariam [illegible] Laurentio Justiniano [illegible] Sanctum Patrem [illegible] Mundi lumen, Prædicatorem Regni Christi Jesu, Cælestium [illegible] Catholicarum veritatum propugnatorem, verbo Maximum, & incomparabilem Ecclesiæ Doctorem.*

*Fatendum est tamen non levis operis esse uno Sermone omnia colligere munera, quibus Magnus hic Sanctus fuerit insignitus, variosque status, in quibus vitam suam transegit; attamen [illegible] S. Hieronymum ex dimidia tantum sui parte exhibere, si illum [illegible] solum, vel tanquam Pœnitentem, vel Solitarium, vel Doctorem, neque ad vivum illius proponere imaginem, nisi qui illum [illegible] Hic facere conatus sum [illegible] ejus pro Ecclesia [illegible] quas ab hæreticis perpessus est, triumphorum, quos de illis reportavit, vitæ [illegible] & scientiæ [illegible] Doctoris Maximi [illegible] Sanctitatis Exemplar.*

---

# PARAGRAPHUS PRIMUS.

**Variæ Sermonum [illegible] hujus Argumenti.**

*Justum deduxit Dominus per vias rectas, & ostendit illi Regnum Dei: & dedit illi scientiam Sanctorum: honestavit illum in laboribus, & complevit labores illius. Sapient. 10.*

I. [illegible]

Pars Prima. *Justum deduxit Dominus per vias rectas, & ostendit illi Regnum Dei.* [illegible]

Pars Secunda. *Dedit illi scientiam Sanctorum.* [illegible]

Pars tertia. *Honestavit illum in laboribus, & complevit labores illius.* [illegible]

Considerari potest S. Hieronymus sub triplici aspectu. [illegible] II.

Secundo, [illegible]

Tertio, [illegible]

PARAGRAPHUS II.

[illegible]

S. Augustinus Epistola 113. S. Hieronymum comparat cum S. Joanne Baptista.

[illegible]

S. Gregorius Magnus, & S. Gelasius Pontifices de illo [illegible]

[illegible]

NOTA.

[illegible]

PARAGRAPHUS III.

[illegible]

Loci.

[illegible]

[illegible]

## PARAGRAPHUS IV.

*Loci, & sententiae aliquorum Sanctorum Patrum, aliorumque Authorum super Argumenti.*

Quid S. Hieronymus ... [illegible]

O ... [illegible]

Quid dixerint SS. Patres de S. Hieronymo.

N ... [illegible] ... S. Augustinus contra Julianum.

[illegible]

Loci, qui congruunt possunt Argumento.

D ... [illegible] ... S. August. de Doctrina Christi.

[illegible] ... S. Hieronymus.

[illegible] ... S. Augustinus.

[illegible] ... S. Bernardus in Concio.

[illegible]

[illegible] Sanctus Chrysostomus [illegible]

[illegible], Lyra [illegible].

[illegible], Sanctus Gregorius lib. 6. Moralium.

[illegible], S. Bernardus in Cantica.

[illegible] Glossa ordin. in Epist. ad Philipp.

[illegible] S. Bernardus in Cantica.

[illegible] Glossa ordin. in Epist. ad Philipp.

PARAGRAPHUS V.

*Quid ex Theologia [illegible]*

[illegible]

[illegible] Sanctus Hieronymus [illegible] Hebraeam, Graecam, & Latinam, [illegible] Ecclesiae Doctores [illegible] Commentarios, [illegible]

[illegible]

PARAGRAPHUS VI.

[illegible]

Sanctus Hieronymus, [illegible]

[illegible]

[illegible]

[illegible]

[illegible]

[illegible]

# PRO PANEGYRICO S. ELISABETH
## FILIÆ REGIS HUNGARIÆ, DUCISSÆ TURINGIÆ
### & primæ Sanctimonialis Ordinis tertii Sancti Francisci.

## MONITUM.

S[illegible]

## PARAGRAPHUS PRIMUS.

### Multiplex Sermonum Synopsis hujus Argumenti.

*Certamen forte dedit illi, ut vinceret.* Sapient. 10.

I. [illegible]

II. [illegible]

III. [illegible]

IV. [illegible]

## PARAGRAPHUS II.

## PARAGRAPHUS III.

[illegible]

## PARAGRAPHUS IV.

[illegible]

[illegible]

[illegible] Sanctus Leo serm. [illegible] de Quadragesima.

[illegible] Sanctus Bernardus serm. [illegible] in Cantic.

[illegible] lib. [illegible] in Proverb. cap. [illegible]

[illegible] Idem ibidem.

[illegible] Sanctus Laurentius Justinianus in tractatu de paupertate, cap. [illegible]

[illegible] Sanctus Hieronymus ad Pammachium.

O quanta beatitudo! [illegible] Idem epist. [illegible]

## PARAGRAPHUS V.

*[illegible]*

NON mihi minus, quam [illegible] quæstio proponitur; in qua non solum Profani Oratores, verum etiam plurimi Sancti Patres [illegible]

[illegible]

## PARAGRAPHUS VI.

*[illegible]*

G[illegible]

[illegible]

[illegible]

quæ ab illis [illegible], [illegible], [illegible] [illegible]. Heu! quot [illegible] hæc exemplum [illegible] [illegible], qui [illegible] [illegible], [illegible] [illegible] [illegible] [illegible] [illegible], & [illegible] sui [illegible] [illegible], se a Deo [illegible] [illegible] [illegible], ut [illegible] [illegible] exemplo, ut [illegible] [illegible] [illegible], ut [illegible] [illegible] Religionem, & Dei majorem gloriam promoverent. Quantum vero illis erit [illegible] Deo de [illegible] [illegible], ac beneficiorum, quæ a Deo perceperunt? [illegible] [illegible] [illegible] [illegible] [illegible] [illegible], atque [illegible] [illegible] Deo in [illegible] [illegible] [illegible], & in [illegible], quorum plurimi Deo [illegible] [illegible] [illegible]: [illegible] [illegible] quoque [illegible] [illegible] [illegible] [illegible]. [illegible] [illegible] [illegible], quæ [illegible], & [illegible] in [illegible] [illegible] [illegible] [illegible], dum nullo [illegible] [illegible] [illegible], atque [illegible] [illegible], qui, ut olim David, [illegible]: *[illegible] in [illegible] [illegible]; [illegible] [illegible] in [illegible].* [illegible] [illegible] [illegible], & [illegible]; sed ubi vel levis [illegible] [illegible], ubi vel minimum [illegible]

Psalm. [illegible]

[illegible], [illegible], & [illegible] [illegible] [illegible] [illegible] *[illegible] [illegible] [illegible] a [illegible], & [illegible] [illegible] [illegible].* [illegible] Quæcumque [illegible] [illegible], [illegible] [illegible] [illegible] [illegible] [illegible], [illegible] [illegible] [illegible] [illegible] [illegible] [illegible] [illegible] [illegible], [illegible], [illegible], [illegible] [illegible], quæ [illegible] [illegible] [illegible], & [illegible] [illegible] [illegible], [illegible] [illegible] Sanctum Jacobum Apostolum loquitur, [illegible] [illegible] [illegible]. Vos [illegible] [illegible] [illegible] [illegible] [illegible], & [illegible], & Religiosissimæ hujus Principis exemplum [illegible] [illegible]; [illegible] [illegible] [illegible] [illegible], ut [illegible] [illegible] [illegible] [illegible] [illegible]! *[illegible] [illegible] [illegible] [illegible], ut [illegible].* Sed [illegible] est, ut ad illum exemplum [illegible] [illegible] [illegible]; [illegible] ad [illegible] [illegible] [illegible], & [illegible] [illegible], ut de [illegible] [illegible] [illegible], ut [illegible] [illegible] [illegible], ut Salvatori [illegible] [illegible], & [illegible] in [illegible] [illegible] [illegible] ad [illegible] [illegible], ut [illegible] [illegible] [illegible] [illegible], [illegible] [illegible] [illegible] [illegible] [illegible].

# PRO S. JOANNIS A CRUCE, PRIMO EXCALCEATORUM CARMELITARUM Religioso.

## P A N E G Y R I C O.

## M O N I T U M.

D commendandum S. Joannis a Cruce elogium, satis esset asserere, hunc incomparabilis S. Theresiae discipulum fuisse, primum Ordinis ejusdem Religiosum, [illegible] ad Carmelum in pristinam perfectionem restituendum. [illegible] S. Theresiae testimonium [illegible] in Deum, perpetua contemplatione [illegible] Spiritum Sancti illum, qui seculi sui mirandum extitit.

[illegible] S. Joannis a Cruce, [illegible] Ordinis Carmeli reformationem, [illegible]

## PARAGRAPHUS PRIMUS.

### Varia Sermonum Synopsis hujus Argumenti.

*Vivo ego, jam non ego, vivit vero in me Christus. Galat. 2.*

I. Audiam Joannem a Cruce [illegible] vitae Jesu Christi.

[illegible]

II. [illegible]

[illegible]

Secundo. [illegible]

Tertio. [illegible] III.

[illegible]

IV. [illegible]

[illegible]

[illegible]

V. [illegible] ... S. Joannes a Cruce ... [illegible]

1. [illegible]

2. [illegible]

3. [illegible]

VI. [illegible]

[illegible]

VII. [illegible]

1. [illegible]

2. [illegible]

3. [illegible]

VIII. *Christo confixus sum Cruci.* Galat. 2. [illegible]

1. [illegible]

2. In Religione, [illegible]

3. [illegible]

IX. [illegible]

1. [illegible]

2. [illegible]

3. [illegible]

## PARAGRAPHUS II.

*[illegible]*

P[illegible] Joseph de Jesu Maria [illegible] Hispanice [illegible] Ordinis [illegible].

[illegible] Sancti ab [illegible] de S. Joseph.

[illegible] 14. Decembris [illegible]

In Historia [illegible] S. Joanne a Cruce [illegible] S. Theresiae.

[illegible]

[illegible]

[illegible]

[illegible] Universitatum, ac Theologorum [illegible] Ordinibus Regularibus. [illegible] Author [illegible].

P. Christophorus de Torres [illegible] Congregationem [illegible] [illegible] Sancti hujus, habet etiam elogium [illegible], cum vita ejusdem [illegible].

P. Texeo [illegible] Opusculorum Panegyricorum, [illegible] Sanctissimo [illegible] Joannis de Cruce.

Alios [illegible] Authores [illegible].

PARAGRAPHUS III.

*Loci, exempla, Figuræ, & [illegible] applicationes huic argumento.*

Loci ex Biblia desumpti, qui virtutibus, & [illegible] Sancti possunt accommodari.

L*[illegible] in [illegible]* Christi. 2. Cor. cap. 12.

[illegible]

*Cum infirmor, tunc potens sum.* Ibidem.

[illegible]

Loci, qui applicari possunt contemptui [illegible].

S*Cio hominem in Christo,* [illegible] 2. Corinth. 12.

[illegible]

De Zelo reformandæ regularitatis in Ordine suo.

Z*Elus domus tuæ comedit me,* [illegible] Psalm. 68.

[illegible] Psalm. 118.

[illegible]

[illegible] 3. Reg. 19.

*Exempla Antiqui, & Novi Testamenti* [illegible].

ELias Propheta [illegible]

[illegible]

[illegible]

Sanctus Joannes a Cruce comparari quoque potest cum Eliseo Propheta, [illegible]

[illegible]

[illegible]

[illegible]

## PARAGRAPHUS IV.

[illegible]

## PARAGRAPHUS V.

[illegible]

[illegible]

PARAGRAPHUS VI.

[illegible]

[illegible]

www.ingramcontent.com/pod-product-compliance
Lightning Source LLC
Chambersburg PA
CBHW020256170426
43202CB00008B/391